LA VÉRITÉ

SORTANT DU PUITS.

IMPRIMERIE DE A. BARBIER,
RUE DES MARAIS S.-G., N° 17.

LA VÉRITÉ SORTANT DU PUITS.

MÉMOIRE JUSTIFICATIF

DE LA CONDUITE

DU LIEUTENANT-COLONEL TOURNIER,

A L'OCCASION DU PROCÈS

DE M. BERRYER FILS,

ET POUVANT SERVIR A L'HISTOIRE DE LA CONJURATION

DE LA DUCHESSE DE BERRY.

Rien n'est beau que le vrai;
Le vrai seul est aimable.

Prix : 2 francs.

PARIS.

CHEZ DELAUNAY, LIBRAIRE, AU PALAIS-ROYAL,

ET CHEZ LES PRINCIPAUX LIBRAIRES DE PARIS.

1833.

LA VÉRITÉ

SORTANT DU PUITS.

Des calomnies en politique à réfuter, une justification à rédiger, et surtout à faire lire, c'est une
chose épineuse et malaisée par le temps qui court.
D'ailleurs, pourquoi se justifier, me dira-t-on, lorsqu'on est assez heureux pour avoir le sentiment
intime, la conviction de n'avoir jamais dévié du
sentier de l'honneur? Les calomnies! on en rit:
conscia mens recti mendacia ridet. Renfermez-vous
dans le sanctuaire de votre conscience; laissez au
temps, ce grand maître des hommes et des choses,
la tâche, pour lui seul facile, de tout éclaircir;
vouez au mépris le plus profond, à la vindicte pu-
blique ce déplorable journalisme, qui ne vit que
de scandale, et dont les feuilles éphémères ne sauraient inspirer de l'inquiétude; prouvez par une
conduite irréprochable qu'elles ont menti. Certes,

ce serait le parti que d'autres prendraient; peut-être est-il le meilleur, mais je ne pourrais pas m'y résoudre. Je me dois à ma famille, j'ai une réputation sans tache, un nom sans flétrissure à lui léguer; je ne puis la déshériter de cet honneur patriarcal qui a toujours été l'apanage de ma respectable famille, et qui m'a été transmis à moi-même dans toute sa pureté; je me dois à mes concitoyens, à mes amis, aux braves à la tête desquels j'ai eu la gloire de combattre pendant les trois héroïques journées, et qui aujourd'hui versent généreusement leur sang pour cette France, qu'ils ont si puissamment contribué à racheter à la liberté. Mais quel moyen de se justifier, de repousser d'atroces calomnies dans les temps calamiteux où nous avons le malheur de vivre, où les notions, les idées du bien et du mal se confondent, où les passions déchaînées des partis et des factions semblent frapper les esprits d'un tel aveuglement que, pour eux, le vrai honneur n'est que bassesse, le patriotisme que trahison, le dévouement à son pays que révolte contre lui; le sacrifice des plus chers intérêts, de sa propre existence, qu'ambition déréglée, calcul sordide? Dans de pareilles dispositions, prévenu, comme on pourrait l'être contre moi, par les outrageans discours des journaux de tous les partis et de toutes les couleurs, dont la monstrueuse alliance pour me présenter au public sous l'aspect le plus hideux, a quelque chose d'inconcevable, se souciera-t-on de prendre la peine de lire ma justification? Je l'ignore;

comme j'ignore quelle impression ont pu faire ces discours sur lui. Quoi qu'il en soit, mon parti est décidément pris; je veux me justifier à ses yeux, et que ma justification soit complète; je ferai du moins ce que je dois, advienne ensuite que pourra. Je présenterai l'exposé sincère de ma conduite dans la circonstance difficile où le sort m'a fait trouver; mes amis m'en sauront gré, ma famille me bénira, la société me jugera : c'est à son jugement que je m'en remets entièrement; c'est à sa justice que j'en appelle.

Avant d'entrer en matière et de faire connaître comment et par quel événement j'ai figuré comme principal témoin dans le procès de **M. Berryer** fils aux assises de Blois, je crois utile d'aller au devant des recherches de mes ennemis, ou tout au moins de mes adversaires, peut-être de M. Berryer lui-même. J'ai appris que, depuis ce fameux procès, ces messieurs prennent une peine incroyable, se démènent en tous sens pour se procurer et réunir de suffisans matériaux, afin de donner une idée biographique de ma personne, idée qui n'aura sans doute rien de charitable, qui ne présentera qu'un côté du tableau, le côté le moins flatteur, le moins propre à me faire connaître sous des rapports avantageux; ce sera un factum contre moi. Je veux leur épargner une peine inutile: je ferai ma propre biographie; je me présenterai tel que je suis, non pas tel qu'ils voudraient que je fusse; et ce travail, je puis le faire d'autant plus consciencieusement que je n'ai ni vertus à étaler ni vices à céler.

Que ces messieurs apprennent donc que je me nomme François Tournier, que je suis né à Vienne, département de l'Isère, et que je suis fils de Jean-Georges Tournier, propriétaire, et un des principaux fabricans tanneurs du pays.

Il est bon que ces messieurs sachent que Jean-Georges Tournier a été toujours regardé, pendant la révolution, ainsi qu'il l'est encore aujourd'hui, comme un des plus braves et des plus honorables patriotes de son département, qu'il a été nommé commandant de la légion de l'Isère pendant le siége de Lyon, auquel il s'est trouvé, que, pour donner un exemple salutaire et un témoignage éclatant de son patriotisme, il s'est empressé de faire l'acquisition de la plus grande partie des biens que le clergé possédait dans le pays, qu'il a fait les plus grands sacrifices en faveur de la cause de la liberté, qu'il a élevé tous ses enfans dans des principes très-libéraux, auxquels aucun d'eux n'a jamais dérogé, enfin qu'il vit encore aujourd'hui et jouit d'une réputation intacte à l'abri du toit qui l'a vu naître, au milieu d'une population nombreuse empressée de rendre hommage à ses vertus civiques. Tous ces faits sont notoires : M. Couturier, maire, et député de l'arrondissement de Vienne, et toutes les notabilités du département, telles que MM. Tête-le-Beau, beau-père de M. Français de Nantes, Durand, Sappey, Boissac (de Rosny), avec la plupart desquels je suis en rapport de parenté, peuvent l'attester.

J'ai fait des études médiocres, telles qu'on pouvait les faire pendant la révolution, quoique ce fût dans les meilleures pensions de Vienne et de Condrieux; encore ont-elles été interrompues par l'engouement qui dominait tous les esprits à cette époque fortunée, où l'on ne rêvait que liberté et gloire. Cette circonstance me donne des droits à l'indulgence de mes lecteurs, s'ils ne trouvent pas dans ce mémoire l'ordre, la méthode et ce bonheur d'expression que l'on doit attendre d'un homme de lettres, car je ne le suis pas, et il est rare qu'on le devienne dans les camps.

J'ai pris du service en 1804, comme volontaire, dans le quatrième bataillon du train d'artillerie, et fait les premières campagnes d'Italie. J'y parcourus tous les grades jusqu'à celui de maréchal-des-logis-chef inclusivement, que j'obtins en 1808. Je quittai ce corps pour entrer dans le 19ᵉ régiment de chasseurs à cheval, dans lequel j'ai servi environ six ans. Sollicité par ma famille de rentrer dans son sein, où j'étais nécessaire, je me rendis à ses désirs, et je quittai le service en 1812.

Las de la vie monotone et peu active de la maison, je repris du service en 1814, époque à laquelle je fus fait officier d'état-major.

En 1815, j'accompagnai l'Empereur, à son retour de l'île d'Elbe (pièce nº 1), et je lui remis une aigle de régiment que j'avais conservée comme un dépôt sacré. J'eus aussi l'inappréciable bonheur de lui sauver la vie pendant sa marche triomphale sur Paris. Ce fait est à la connaissance des braves qui l'accompagnaient; je pourrais en justifier au besoin.

Nommé capitaine du bataillon sacré de l'île d'Elbe pendant les cent jours (pièce n° 2), et ensuite chef du parc d'artillerie de Toulouse (pièces n°ˢ 3 et 4), je fus licencié en 1815, à cause de mon refus d'entrer aux gardes-du-corps.

L'un des derniers à quitter la cocarde tricolore à Toulouse, je faillis y être victime de la fureur populaire, excitée par quelques misérables ultra-royalistes, surtout lorsqu'à sa fureur j'ai opposé de la fureur, je dirai mieux, de la témérité, en voulant empêcher que la populace traînât dans la boue le buste de l'Empereur (pièce n° 4). Me trouvant alors sans place, j'ai accepté une lieutenance dans une brigade des douanes (pièces n°ˢ 5 et 6), dont j'ai donné ma démission en 1816.

Revenu à Paris, je m'y livrai exclusivement aux affaires, sans négliger un des devoirs les plus chers à mon cœur, celui d'entretenir par tous les moyens en mon pouvoir le feu sacré de la liberté, et une haine implacable aux restaurateurs de l'ancien régime, aux princes qui nous étaient imposés par les baïonnettes étrangères, et, soit dit en passant et n'en déplaise à MM. les carlistes, chouans ou henriquinquistes, cette vieille habitude ne m'a pas encore abandonné, et il y a toute apparence qu'elle mourra avec moi.

Le 26 juillet 1830 me trouva dans ces heureuses dispositions. On se doute bien de la part que j'ai dû prendre à la révolution qui se préparait (pièces n° 7, 8, 9, 10, 11 et 12). Mes premiers soins ont eu pour objet de me procurer des armes, des munitions de guerre, et de réunir autant d'hommes libres que je pouvais en rencontrer. Un nombre assez considérable pour pouvoir former ensuite un très-beau régiment se groupa autour de moi et me nomma son chef, d'abord par acclamation unanime, ensuite au moyen d'un document glorieux, plus précieux pour moi que les plus antiques parchemins, et que je transmettrai avec orgueil à ma dernière postérité (pièce n° 14). Nous nous battîmes avec l'acharnement et l'intrépidité qu'inspire toujours une bonne cause à des âmes généreuses. Paris a été témoin de nos combats, de nos hauts faits pendant les trois plus extraordinaires, plus mémorables journées que nous retracent les fastes du monde. Ces trois grandes journées m'offriraient un champ immense pour étaler un luxe prodigieux de services rendus au pays, si cela était utile à mon sujet. Il suffit pour moi qu'ils soient connus de toute la population parisienne, et attestés par mes braves camarades, et qu'on veuille bien se persuader que l'homme qui les a rendus, et qui pourrait encore faire valoir de brillantes actions de guerre dont s'honoreraient nos modernes Bayard, est incapable de lâcheté d'aucun genre. Mais poursuivons.

Dans nos nombreux combats, quelquefois les succès ont été chèrement achetés. J'ai perdu une partie de mon monde; j'ai moi-même été blessé (pièce nº 13).

Après la victoire, ces hommes, à qui la patrie devait de la reconnaissance, étaient cependant embarrassans pour la société dans ce moment de crise. En renvoyant dans leurs familles cette foule qui, après nous avoir demandé des armes, nous demandait encore du travail et du pain, nous exposions ces braves, ces excellens citoyens à une séduction d'autant plus facile que leur situation était plus pénible. Livrés à eux-mêmes, sans ressources, sans argent, sans chefs, enivrés d'un premier succès, ne pouvaient-ils pas devenir la proie de tous les agitateurs? Chaque parti n'eût-il pas pu profiter de leur position? Les travaux étaient totalement interrompus; c'eût été la faim qui les eût conduits; et ces hommes intrépides, qui venaient de sauver la France, se fussent livrés sans doute à des excès coupables.

Un seul moyen restait; c'était la création de corps militaires, qui prévenait en même temps et les troubles civils et la guerre étrangère. Ce projet fut goûté par le gouvernement, qui ordonna de les caserner dans le quartier de Picpus, où la subsistance leur fut fournie, par les soins du gouvernement, comme à la troupe. En ma qualité de leur lieutenant-colonel, je me suis sur-le-champ occupé, avec la personne qui portait le titre de colonel, de les organiser et d'en former un régiment auquel nous avons donné le nom de 1er régiment des volontaires de la Charte, nom qu'il n'a pas pu conserver, attendu que tous les régimens étaient désignés par des numéros, et qu'il fallait qu'il prît celui qui lui appartenait, et qui était le 65me. Sur son refus d'y obtempérer, ce corps fut dissous, et les hommes qui le composaient furent incorporés à d'autres régimens de la ligne. Nommé au commandement, d'abord de la caserne de Courbevoie, et ensuite de celle de Rueil, comme lieutenant-colonel et avec les émolumens attachés à ce grade, j'ai dû quitter ce commandement après l'organisation définitive de l'armée. Depuis lors mes occupations se sont bornées à réclamer du gouvernement d'être remis en activité, ou à la demi-solde, et une somme assez considérable pour solde arriérée, avances et indemnités, et à élever ma famille dans une retraite que je me suis choisie à la campagne, où je me suis presque constamment tenu depuis que j'ai quitté le commandement de Rueil.

Telle est ma vraie, ma sincère, mon exacte biographie. Je la livre à mes détracteurs, à ceux qui se vouent à la recherche de faits propres à atteindre le double objet qu'ils se proposent, d'accabler un libéral forcené, et de convaincre le gouvernement, dont ils me disent, sans le croire, le misérable suppôt, de menées sourdes pour obtenir une condamnation qu'ils qualifient à leur manière. Sans doute ils ne trouveront pas dans cette esquisse biographique matière à scandale, ni de quoi satisfaire leur haine envenimée, mais peut-être les mettra-t-elle sur la voie pour arriver à quelque découverte précieuse. Qu'ils me sachent donc gré de ma bonhomie, et certes c'en est une, car mon obscurité devait les embarrasser au dernier point.

Venons maintenant au procès qui naguère a donné lieu à tant de malentendus et de noires calomnies.

Dans le mois de mars dernier, les partisans de la restauration, ennemis implacables de notre glorieuse et à jamais mémorable révolution des trois jours, rêvaient le renversement du gouvernement sorti des barricades, pour lui substituer celui que nous avons détruit au cri de liberté!

Pour parvenir à ce but, les conjurés cherchèrent à attirer à eux ceux-là même qui avaient pris une part glorieuse à la victoire de juillet 1830. Des officiers légitimistes savaient que je sollicitais justice du gouvernement, que je ne l'obtenais pas, et supposaient que je devais être fort mécontent de ne point obtenir la confirmation du grade que j'avais occupé, ou bien ma demi-solde, si l'on ne voulait pas me remettre en activité. Mes réclamations avaient obtenu de la publicité; c'est ainsi que les légitimistes parvinrent à connaître ma position. Il parut donc utile aux partisans de Henri V de s'attacher un ancien officier supérieur et les officiers mécontens ou présumés mécontens. Mais des

hommes qui avaient donné tant de gages de patriotisme et d'honneur ne pouvaient pas se laisser aller
aux brillantes promesses des ennemis du pays ;
moins encore pouvaient-ils se laisser corrompre
par de l'or.

Aussi les offres qu'on me fit ne me tentèrent pas.
Voici dans quelles circonstances ces offres me furent faites, et quel en fut le résultat :

Dans le cours du mois de février, deux ex-officiers
m'accostèrent aux Tuileries. Ils me demandèrent
si je n'étais pas le lieutenant-colonel du régiment de
la Charte, composé de l'élite des combattans de
juillet ; je répondis, oui. Ils me dirent alors, par
suite de la connaissance qu'ils avaient de mes réclamations auprès du gouvernement : «Vous voyez de
quelle manière le juste-milieu vous a joué, comme
il vous récompense de tant de services que vous
avez rendus ! »

Je me contentai de leur répondre : «Le drapeau
tricolore flotte ; nous l'avons reconquis au prix de
notre sang. Cette conquête nous fait supporter avec
patience nos peines et nos souffrances. »

Ils cherchèrent alors à me prouver que les choses
ne pouvaient pas rester en cet état. Nous avons besoin, dirent-ils, de tous les hommes de cœur et ca-
pables d'agir. Vous avez, vous, de l'influence sur
les masses, et surtout auprès des anciens braves de
l'armée ; soyez des nôtres. Il faut vous faire un sort ;
nous vous offrons 3oo,ooo francs, deux décorations,
le grade de colonel, et, après le renversement du

gouvernement actuel, quand le trône sera occupé par la duchesse de Berry et son auguste fils, vous passerez maréchal-de-camp, et vous serez admis à la cour de Henri V. »

Toutes ces belles promesses, ces offres brillantes ne me tentèrent pas, quoique alors je ne fusse pas trop heureux, par suite des sacrifices que j'avais faits en faveur de la cause nationale. Je répondis donc que je me trouvais plus content au milieu des prolétaires qu'à la cour de Henri V.

Sur de nouvelles instances de leur part, et après avoir réfléchi à tout ce que je venais d'entendre, je résolus d'écouter ou d'avoir l'air d'écouter favorablement ces propositions, pensant que peut-être je pourrais être utile au pays. Voyons donc, me dis-je, où en veulent venir les henriquinquistes.

Je me laissai entraîner, après une seconde entrevue, dans une maison rue Neuve des Petits-Champs, chez M. Berryer fils, avocat et député, que ces messieurs disaient avoir plein pouvoir et autorité de la duchesse de Berry, et qui devait en être l'un des ministres.

On me conduisit dans un grand salon, au rez-de-chaussée, où je trouvai six ou huit personnes qui paraissaient attendre M. Berryer. Demi-heure après, on m'introduisit dans le cabinet de cet avocat.

Nous parlâmes d'abord de mes affaires, qu'il parut assez bien connaître. Il me plaignit de l'injustice du gouvernement à mon égard; nous entrâmes dans quelques détails sur mes services et mes plaintes, et lui-même me fit part qu'il était très-mécontent du gouvernement actuel, ce qui le forçait d'agir contre lui. Il me dit alors qu'il allait se rendre auprès de la duchesse de Berry. Il me demanda mes noms et prénoms, ainsi que ceux des officiers qui pourraient le plus me seconder dans l'entreprise contre l'état actuel, et sur lesquels je pouvais le plus compter. Je les lui dictai, et il les écrivit au crayon dans un petit souvenir qu'il remit sur sa cheminée. Il me dit alors qu'il allait voir madame la duchesse de Berry, et qu'à son retour il porterait et me remettrait les brevets signés de la main de la princesse; il me recommanda le soin de mes hommes. Il me remit en même temps deux billets de banque de 500 francs chacun, pour en faire part à ceux de ces officiers qui auraient des besoins pressans. Il ajouta : *Un peu plus tard je vous en ferai donner davantage.* Je quittai M. Berryer, qui me serra la main en me disant : *Comptez sur moi, je compte sur vous.*

Je ferai observer, en outre, qu'à la première entrevue M. Berryer me remit les deux billets de 500 francs; à une seconde entrevue il me parla de son prochain départ pour aller voir la princesse, et il prit les noms de mes officiers; et ce fut à une troisième entrevue que M. Berryer, de retour d'un voyage auprès de la princesse, me remit deux brevets, l'un de colonel pour moi, l'autre de lieutenant-colonel pour M. Chartier (pièces n° 15 et 16). Il me montra ensuite deux autres brevets, l'un de capitaine pour l'un de mes frères, Antoine Tournier, l'autre de commandant au nom de Michonet. C'est moi-même qui avais dicté ces noms à M. Berryer sans avoir consulté ces personnes. En me donnant les deux brevets, M. Berryer me dit : *Prenez bien garde de les laisser voir, car si on les découvrait* je nierais les avoir donnés.

Peu après, M. Berryer partit pour aller prendre les ordres de la princesse pour fixer le jour de l'exécution du projet de renversement du gouvernement. Il me dit avant son départ qu'au retour de ce voyage il m'indiquerait le jour et l'heure du mouvement, et me transmettrait des fonds pour faire agir mon monde, afin d'effectuer la prise des Tuileries et s'emparer des ministères, où l'on devait mettre le feu.

Ces faits, tels qu'ils sont ici rapportés, sont identiquement les mêmes que j'ai déclarés, à peu près dans les mêmes termes à la Cour d'assises de Blois lors du procès de M. Berryer.

Voici d'autres faits que je n'ai pas dû déclarer, parce qu'ils ne regardaient pas M. Berryer, mais qui présentent quelque intérêt.

Depuis que j'avais été présenté à M. Berryer, je voyais fréquemment aux Tuileries un monsieur qui était l'ami intime des ex-officiers de la garde royale qui m'avaient fait les premières ouvertures. Souvent il venait chez moi, où il me laissait de petits billets pour me donner des avis concernant leurs opérations. Le jour où la nouvelle de l'arrestation de la duchesse de Berry à bord du *Carlo-Alberto* se répandit à Paris, ce monsieur m'apprit qu'elle avait jeté la consternation parmi les légitimistes et fait ajourner l'exécution de leurs projets.

Le même jour, il me fit dire qu'on avait changé d'avis; qu'il fallait agir, que le mouvement commencerait de cinq à six heures, que j'eusse à me tenir prêt avec tous les hommes qu'il me serait possible de réunir, et à fixer la somme qu'il fallait leur distribuer.

Leur plan était de commencer l'attaque avec six mille hommes au faubourg Saint-Antoine, faire enlever la Poudrière par un fort détachement, sonner le tocsin, s'emparer des Tuileries et des ministères, faire main basse sur le roi, le prince royal et les ministres, excepté M. de Rigny, et sur quelques-uns des coryphées des systèmes doctrinaires et du juste-milieu, mettre le feu à la Préfecture de police, à l'État-Major de la rue de Lille et au Ministère de la guerre, jeter des marrons de douze balles chacun sur les Tuileries, etc. Des barricades devaient être élevées dans tout Paris; aux barrières, on empêcherait de sortir; les rues seraient jonchées de verre cassé pour contenir la cavalerie; les personnes qui auraient contribué à la prise des Tuileries recevraient un cheval chacune; la belle jument que monte quelquefois le prince-royal appartiendrait au commandant de la troupe qui prendrait les Tuileries. Il devait y avoir vingt-quatre drapeaux noirs avec cette légende : *Vivre en travaillant ou mourir en combattant.* Ils avaient adopté ce drapeau depuis qu'ils ont vu que le drapeau blanc n'avait pas fait fortune à Marseille. Dix mille proclamations seraient affichées et distribuées. Quarante forçats seraient chargés de massacrer tous ceux qui prendraient la fuite. On ouvrirait les portes des prisons. Les prisonniers de Ham seraient sur-le-champ délivrés ainsi que ceux de Marseille. Parmi les combattans il y aurait douze cents anciens gardes royaux habillés en gardes nationaux. On comptait sur plusieurs régimens qu'on supposait gagnés, ainsi que sur une grande partie de la garde municipale. Ils prétendaient avoir à leurs gages beaucoup de sergens-de-ville spécialement chargés de saisir toutes les circonstances qui se présenteraient pour vexer le peuple et le larder avec leurs épées, afin de le pousser à bout, de l'irriter et de le dégoûter du régime actuel. Un grand nombre d'anciens officiers de la garde royale s'étaient déjà pourvus d'uniformes verts; c'étaient ceux qui devaient marcher à la tête des masses. On accorderait aux combattans et à leurs partisans vingt-quatre heures de pillage chez les hommes du pouvoir.

Tels étaient les projets avoués, et, à ce qu'il paraît, décidément arrêtés des carlistes et des henri-quinquistes.

Pour les exécuter, ils avaient, disaient-ils, des moyens plus que suffisans en armes, hommes et argent. Le clergé avait fourni 2 millions de francs, la Russie 12, et les principaux propriétaires légitimistes avaient souscrit pour 42 millions. Ceux d'entre eux qui n'acquitteraient pas leur quote part de souscription auraient leurs propriétés incendiées.

Il paraît qu'ils avaient entamé des négociations avec les républicains, qu'ils cherchaient à attirer dans leur parti; mais ils trouvèrent en eux une résistance opiniâtre; et d'ailleurs ils craignaient d'être à la fin débordés par leur nombre, qui en était beaucoup plus considérable qu'ils ne pensaient d'abord.

Je dois avoir la franchise d'avouer que, lorsque la première fois je me suis rendu chez M. Berryer, la curiosité l'emportait chez moi sur toute autre vue. Je n'avais aucun projet arrêté, mon intention n'était que de savoir, d'apprendre; je n'avais aucune mission, je n'avais même fait part à qui que ce fût de ce qui se passait, des propositions et des offres qui m'étaient faites; je pensais même que ces messieurs ne pouvaient que bâtir des châteaux en Espagne et se bercer d'absurdes chimères. Cependant, après avoir vu et écouté, j'acquis la conviction que la chose était réelle, qu'elle pouvait devenir sérieuse, que la conspiration était flagrante.

Conséquent dans ma conduite, constant dans mes principes, je ne devais ni ne pouvais servir une cause que j'avais combattue par pur patriotisme dans les trois mémorables journées: je ne devais donc pas permettre qu'elle triomphât. Il n'y avait pas de temps à perdre, il y avait péril en la demeure, il était urgent de prendre un parti.

Tiraillé par des sentimens divers, hésitant entre le devoir et la crainte de passer aux yeux même de mes propres ennemis pour un vil dénonciateur, j'ai pris le sage parti de consulter un haut magistrat, membre de la Chambre des Députés, siégeant sur les bancs de l'opposition, qui m'a toujours honoré de sa protection spéciale. Je lui ai tout révélé, en le conjurant de m'éclairer sur la conduite que je devais tenir pour faire échouer les projets incendiaires des conjurés *sans compromettre personne*, si cela était possible, et en le prévenant même que je ne voulais en aucune manière faire de ce qui était l'objet de ma consultation une affaire de police, avec laquelle je répugnais d'avoir rien à démêler. Je lui montrai mes deux brevets. Voici le langage que m'a tenu cet honorable magistrat :

« La chose est importante; vous ne voulez pas
» compromettre les coupables ; cependant il faut les
» empêcher de réussir; nous y sommes tous intéres-
» sés. Je ne vois rien de mieux à faire que d'en parler
» au prince-royal; je m'en charge. Il est plus à portée
» que personne de faire échouer la conspiration sans
» éclat. »

Je goûtai son avis. Il en parla au prince royal, qui lui témoigna le désir de me voir.

Le surlendemain, à quatre heures après-midi, il me présenta au duc d'Orléans, qui me fit un accueil très gracieux, au pavillon de Marsan, dans une salle de billard, située après le salon Doré, que je traversai pour arriver près de lui, et où se trouvait aussi son aide-de-camp le commandant Gérard. Le prince examina les brevets avec la plus grande attention, et comme l'écriture de la duchesse de Berry lui était parfaitement connue, il n'a pas pu s'empêcher de dire : « Il paraît que c'est bien là son écriture. » Je lui donnai tous les détails qui étaient à ma connaissance, sans lui désigner ni lui nommer personne, pas même M. Berryer fils. Le prince voulut absolument connaître les noms des principaux conspirateurs, et sur mon refus de les lui désigner il me témoigna du mécontentement, et me dit assez sèchement : « Monsieur, vous vous compromettez » en ne les désignant pas au moins à l'autorité, qui » pourrait vous regarder comme leur complice. » Dites-moi qui sont les conjurés, ne craignez pas » de les compromettre; je vous donne ma parole » que la chose n'ira pas plus loin. » Je lui nommai alors M. Berryer, bien persuadé que la conspiration serait déjouée, et que tout finirait là comme le prince me l'avait promis.

Sur sa demande de lui confier les brevets, et, d'après son assurance, qu'ils me seraient promptement renvoyés, je crus devoir les lui laisser. Cette entrevue eut lieu deux jours avant le départ du duc d'Orléans pour le Midi.

Le même jour, à onze heures du soir, les brevets ont été remis chez moi sous enveloppe avec une lettre portant :

« La personne qui renvoie les papiers ci-joints à » M. Tournier les redemandera demain, et lui donne

» l'assurance positive que son dévouement sera ré-
» compensé. »

Les brevets ne m'ont pas été redemandés par le prince, mais ils ont été réclamés par l'autorité judiciaire peu de jours après.

A mon grand étonnement, le 10 juillet, je reçus une assignation de M. Berthelin, juge d'instruction près le tribunal de première instance de Paris, afin de comparaître devant lui le lendemain, pour déposer comme témoin dans une affaire qu'on me laissait ignorer. Peu pressé d'obéir à cette injonction judiciaire, dont je supposais l'objet sans pouvoir l'affirmer, je ne comparus pas, de peur de me voir forcé à entrer dans des détails que je ne voulais pas donner pour ne compromettre personne.

Le 13, je reçus un mandat de comparution pour le même jour. Il ne fallait pas que j'attendisse le mandat d'amener. Je me rendis auprès de M. Berthelin. Mon étonnement redoubla lorsque je fus convaincu qu'il s'agissait de l'affaire de M. Berryer fils, dont j'avais fait confidence à M. le duc d'Orléans. Je fis devant M. le juge d'instruction la même déclaration qu'on a ensuite entendue à la Cour d'Assises de Blois ; j'y ajoutai de plus tous les détails relatifs à mon entrevue avec M. le duc d'Orléans, à la remise entre ses mains et au renvoi des brevets. M. le juge Berthelin me demanda aussi ces deux pièces que je n'ai pas pu lui déposer de suite, attendu que je les avais laissées chez moi.

Peu de jours après, le 20 juillet, nouvelle assignation pour le 21, à 11 heures du matin ; nouveau refus d'y obtempérer pour le même motif. Le 21, dans l'après - midi, je reçus une lettre de M. Berthelin (pièce n. 17), qui se plaint de ce que je n'avais pas comparu, et m'engage à me représenter le mardi suivant, à cause d'une certaine commission rogatoire. Je comparus au jour indiqué. Mon second interrogatoire a été absolument conforme au premier ; mais les détails concernant M. le duc d'Orléans n'y furent pas consignés, comme dans le premier interrogatoire. Le haut magistrat qui m'avait présenté à lui n'y était pas non plus nommé. J'ai signé ce second interrogatoire ; le premier a été déchiré en ma présence.

Ceci servira à expliquer en partie mes hésitations et mes contradictions apparentes à la Cour d'assises de Blois, et la disparution d'un des interrogatoires, dont on a voulu faire un grand étalage à la Cour d'assises et dans les journaux.

En suivant l'inspiration du juge de Paris, et ne prévoyant pas les suites fâcheuses que pouvait avoir pour moi une discrétion déplacée, j'ai hésité de nommer le prince à la Cour d'assises, et d'entrer dans aucun détail à son égard. J'en suis au désespoir aujourd'hui. J'aurais dû penser que le duc d'Orléans ne tenait pas à garder l'incognito, du moment où, contre ce qui était convenu, il trouvait à propos d'ébruiter l'affaire et de me mettre en jeu. Le prince est trop clairvoyant pour ne pas sentir qu'en me faisant jouer un rôle désagréable et équivoque, je devais me trouver dans la nécessité de donner à ma déclaration tous les développemens propres à jeter du jour sur ma conduite et sur les motifs qui m'avaient fait agir. Je répète que j'en ai le plus grand regret par plusieurs raisons, mais surtout parce que, par une conduite opposée, j'aurais épargné à la plupart des journaux ce dégoûtant clabaudage dont ils m'ont rendu l'objet.

Je fus enfin assigné à comparaître le 14 septembre par-devant la Cour d'assises de Nantes. Plus tard on m'appela par-devant celle de Blois, pour y déposer dans la cause concernant M. Berryer, et j'y ai déposé malgré l'invitation qui m'avait été faite de m'y refuser, de la part de la personne qui me transmettait les ordres et les nouvelles des carlistes.

Je n'entrerai, pour le moment, dans aucun détail sur ce qui s'est passé aux assises de Blois; j'en aurai l'occasion et le loisir en réfutant les calomnies des journaux. J'ajouterai seulement une réflexion.

D'après ce qu'on vient de lire, on doit être convaincu que mon intention n'a jamais été de dénoncer M. Berryer ni qui que ce fût, que je ne lui en voulais aucunement à lui personnellement, mais uniquement à la cause qu'il paraissait avoir embrassée, et dont j'étais, suis et serai toujours l'ennemi déclaré, que je ne me suis adressé à aucune police, pour faire avorter les projets des légitimistes, et que, si, pressé et même poussé à bout par M. le duc d'Orléans, je me suis décidé à lui nom mer M. Berryer fils, ce ne fut qu'après m'avoir donné sa parole de ne rien faire qui pût compromettre personne. Il en a été autrement; j'avoue que je ne m'y attendais pas, et que j'ai plaint M. Berryer, dont les qualités personnelles et le talent commandent d'ailleurs l'estime. Je ne puis pas non plus m'empêcher d'assurer, de la manière la plus positive, que je n'ai vu l'issue de son procès qu'avec un extrême plaisir, ainsi que je l'ai témoigné hautement à plusieurs personnes, à Blois et à Paris.

Au reste, si l'on veut encore, après toutes ces explications, que j'aie joué le rôle d'un dénonciateur, je demanderai quel rôle jouent tous les jours les journalistes dans leurs feuilles, et les députés à la tribune? Voilà des dénonciateurs en grand, si moi je l'ai été en petit de M. Berryer. Encore les journalistes se font-ils payer largement pour dénoncer et calomnier, et moi, je n'ai pas reçu une obole de qui que ce fût, pour avoir agi comme je l'ai fait, et comme je suis prêt à le faire encore, dans l'intérêt de mon pays, sauf à ne nommer personne, malgré les plus belles promesses de ne compromettre âme vivante.

Il me reste à parler des journaux et des journalistes, et de la manière, je ne dirai pas peu charitable, mais infâme, dont ils m'ont traité en rendant compte du procès de M. Berryer fils.

Je ne connais aucun journaliste ni ne suis connu d'aucun d'entre eux. Aucun, j'en suis certain, ne

s'est donné la peine de prendre des renseigne-
mens sur moi, sur ma moralité et sur mes principes
avant de se décider à me présenter sous les couleurs
les plus affreuses. Comment donc, sur de simples
apparences, ont-ils osé me tancer aussi vertement
qu'ils l'ont fait? Comment? En voulant faire du
scandale, de l'opposition, et attaquer le gouvernement avec violence. L'occasion paraissait en effet
propice; l'instrument qui leur était offert prêtait
à l'action. Je ne les blâme en aucune manière de
leur opposition ni de leurs attaques contre le
gouvernement, mais je crois qu'ils auraient pu
trouver de meilleures enclumes pour battre leur
fer.

Passons en revue quelques-uns de leurs journaux, et essayons de répondre à leurs calomnieuses
déclamations en ce qui me concerne.

La Quotidienne du 26 octobre, en parlant de
l'affaire de M. Berryer, dit :

« Et comme les mensonges du sieur Tournier... »

Et quels sont ces mensonges? *la Quotidienne*
prétend-elle que je n'aie pas été conduit chez
M. Berryer, que je ne l'aie pas vu, qu'il ne m'ait
pas remis les deux brevets et tenu le langage que
j'ai déclaré à la Cour d'assises m'avoir été tenu par
lui? M. Berryer a avoué m'avoir vu chez lui; et si
la preuve matérielle de tout le reste n'a pas été
acquise, parce que M. Berryer a nié, et qu'il devait nier, je défie qu'on puisse me convaincre de
mensonge. Au demeurant, les événemens subsé-

quens semblent établir assez clairement que c'est *la Quotidienne* qui a menti.

La feuille du 25 octobre du même journal dit :

« Faites que vos préfets, vos commandans, vos » procureurs du roi, vos Vidocq et vos Tournier, » ne commettent pas de faux.... »

A la bonne heure ; me voilà en bonne compagnie, confondu par dame *Quotidienne*, moi soi-disant lieutenant-colonel, moi l'homme complaisant du pouvoir, l'agent-provocateur, avec les préfets, les procureurs du roi, les sergens-de-ville, voir même les Vidocq, tous prévenus, accusés de fabrication de faux. Le *salmigondis* est d'un goût exquis ; mais, n'en déplaise à dame *Quotidienne*, je récuse toute confusion pour mon compte ; je ne veux pas être ni si haut ni si bas ; et quant au faux, je lui renvoie à elle-même tout l'odieux de son infâme calomnie en ce qui me concerne, et je la défie de me prouver que j'aie fait un faux. Mais puisque faux il y a, pourquoi M. Berryer, premier intéressé à en établir l'existence, ne m'a-t-il pas appelé à le remplacer sur le banc qu'il occupait aux assises? Pourquoi M. l'avocat-général n'a-t-il pas fait des réserves contre moi? J'étais très-éloigné de redouter une expertise alors ; aujourd'hui je ne crains pas les dénégations de madame la duchesse de Berry, qui a conservé, je n'en doute nullement, assez de dignité pour ne point désavouer son propre ouvrage. Quoique, suivant la maxime de Droit, la preuve *incumbit actori non reo*, je me propose de provoquer une enquête sur la réalité ou la fausseté de ces deux brevets.

Ce même journal, numéro du 17 octobre, contient un rapport du préfet de police au ministre de l'intérieur, fait à minuit, dans lequel on lit :

« Une autre somme de 34,000 francs a été répar-
» tie entre les meneurs de ce complot, et *je sais*
» que le sieur Tournier a reçu 4,000 francs. »

Si dans ce rapport M. le préfet de police a voulu parler de moi, il s'est trompé, parce que sans doute on l'avait abusé lui-même. Je n'ai reçu d'autre somme des légitimistes que celle de 1,000 francs par moi déclarée, que j'ai acceptée pour ne point me rendre suspect, et que j'ai distribuée sur-le-champ à de malheureux patriotes de qui j'ai retiré des reçus que j'ai présentés aux assises, et que je conserve encore. J'avoue que des sommes considérables m'ont été offertes par les conjurés pour m'attirer dans leur parti ; mais j'affirme sur mon honneur que je n'ai reçu d'eux que celle ci-dessus mentionnée de 1,000 francs. Au reste, M. le préfet de police semble ne parler que par *entendu dire*, et qu'il n'a aucune assurance du fait. Il est bon aussi qu'on sache qu'il existe un agent de police nommé *Tournier*, attaché depuis long-temps à la Préfecture, qui n'a rien de commun avec moi, et qui n'est ni mon parent ni ma connaissance. Est-ce lui que M. le préfet a voulu désigner dans son rapport ? M. le préfet ne le dira pas, parce qu'il est peut-être bien aise de laisser planer des soupçons sur moi, à

qui il en veut pour ne lui avoir pas dénoncé le complot directement et évité une petite mercuriale qui
lui a été donnée, dit-on, à cause du peu de vigi-
lance de ses agens dans cette circonstance.

La Tribune du 1̃9 octobre dit, en rapportant ma
déclaration :

« Ensuite on a voulu faire pour ma solde une
» transaction, que j'ai refusée (rires d'incrédulité)... »

Cette transaction m'a été très-certainement proposée par M. Turcas, sous-intendant militaire de la
1re division militaire. Elle a été également proposée
à plusieurs officiers de mon régiment que de pressans besoins ont forcés de l'accepter. Quant à moi
je l'ai rejetée, comme ils l'auraient repoussée eux-
mêmes sans doute s'ils s'étaient trouvés dans une
situation moins malheureuse. Y a-t-il là de quoi
rire ? Où est-ce que le rédacteur de *la Tribune* a-t-
il pu apercevoir des rires d'incrédulité ? J'étais à
l'audience, et j'y ai vu bien des choses curieuses, et
surtout de nombreuses et belles dames à chapeaux
blancs et verts qui auraient voulu me réduire en
cendres avec les feux incendiaires de leurs yeux
courroucés ; mais je n'y ai vu ni entendu personne
rire ou donner des signes d'incrédulité.

Le même journal, numéro du 5 octobre :

« Demande. — Mais dans une lettre du ministre
» de la guerre, et voilà cette lettre, il est dit :
» *Le sieur Tournier, se prétendant* lieutenant-co-
» lonel..... »

J'ai déjà fait connaître à quel grade j'étais parvenu dans l'ancienne armée. Les braves qui avaient combattu dans les journées de juillet choisirent les chefs qui devaient les conduire à la victoire parmi ceux que leurs connaissances ou l'expérience d'un premier jour de combat leur montraient les plus dignes. Ils me nommèrent leur lieutenant-colonel. Ce sont ces mêmes braves qui, avec les officiers par eux nommés, s'organisèrent en régiment sous la dénomination de volontaires du premier régiment de la Charte. Ce régiment demandait à être confirmé sous le nom qu'il avait pris, à conserver ses chefs, à l'exception de ceux qui eussent été disposés à rentrer dans la carrière civile. Le gouvernement sanctionna d'abord tacitement la création de ce régiment et le choix par lui fait de ses officiers, en le faisant caserner à Picpus, sous leur commandement, en lui faisant distribuer des vivres régulièrement, et en lui donnant la solde qu'il recevait directement du trésor public. Sa sanction devint expresse, formelle et définitive lorsqu'il envoya près de ce régiment les généraux Joly et Le-Dru-des-Essars avec M. Beauvert, intendant militaire, chargés de régulariser notre organisation. Ils l'inspectèrent homme à homme, formèrent des états dans lesquels étaient compris les officiers par lui nommés, avec les mêmes grades qui leur avaient été attribués, et organisèrent un conseil d'administration qui en a rempli les fonctions (pièce n. 18). Ce régiment resta, par ordre du gouvernement, exclusivement sous mes ordres et

sous mon commandement. Non seulement je rem-
plissais les fonctions de lieutenant-colonel de ce
corps, mais encore je recevais la solde de ce grade,
dont je portais les épaulettes au su et au vu du
gouvernement, qui correspondait avec moi pour
tout ce qui intéressait le service, en me donnant
toujours le titre de lieutenant-colonel (pièces n.° 19,
20, 21, 22), titre qui, au demeurant, m'avait été
conservé lors de l'organisation définitive par les
inspecteurs-généraux, sur les états du régiment où
mon nom figurait comme lieutenant-colonel, parmi
ceux des officiers composant son état-major, ainsi
qu'on peut s'en convaincre par le procès-verbal
d'organisation définitive, sous le numéro 18. Ce
corps a dû quitter la caserne de Picpus pour celle
de Courbevoie, où il se rendit sous mes ordres.
Le titre de premier régiment de la Charte lui fut
alors contesté; on voulut lui faire prendre son numéro d'ordre à la suite de celui du dernier régiment
de la ligne; ce numéro était le 65. Il le refusa et pré-
féra de se laisser incorporer à trois autres régimens
de la ligne. Je perdis, par cette incorporation, le
commandement du premier régiment de la Charte.
On me donna celui de la caserne de Rueil, où l'état-
major de la place envoya, sous mes ordres, des
officiers en subsistance. Le gouvernement et les
autorités civiles et militaires continuèrent de me
donner le titre de lieutenant-colonel. La solde de
ce grade me fut aussi conservée, avec mon livret,

jusqu'à l'organisation définitive de l'armée. Est-ce là un *prétendu lieutenant-colonel?*

Je ne doute pas que la lettre que M. le président des assises de Blois tenait dans la main ne fût du ministère de la guerre, mais je ne puis croire qu'elle émanât directement du ministre, qui me connaît personnellement, et que je ne puis pas soupçonner capable d'inconséquence. Il serait par trop singulier que ce ministre me refusât une qualification, dont il m'a si souvent honoré (pièce n. 19). Mais il se présente ici tout naturellement une réflexion qui a dû frapper bien des personnes. Comment le ministre de la guerre, qui refuse à M. Tournier le titre de lieutenant-colonel, permet-il qu'il le porte, et qu'il se présente devant lui, devant le roi, devant les princes, aux assises et ailleurs, revêtu de l'uniforme de lieutenant-colonel? Ou M. Tournier est lieutenant-colonel ou non. S'il l'est réellement, comment M. le ministre de la guerre peut-il en douter? S'il ne l'est pas, pourquoi ne le fait-il pas poursuivre comme ayant usurpé, s'étant attribué un grade militaire qui ne lui appartient pas?

Je ne puis pas m'expliquer pourquoi M. le président des assises de Blois, qui paraissait si intéressé à savoir si j'étais lieutenant-colonel ou non, n'a point voulu se donner la peine de jeter un coup-d'œil sur les pièces qui le constataient, et que je l'ai prié itérativement d'examiner. Il y aurait trouvé des preuves irréfragables et un brevet issu de ces mémes barricades d'où est issue la couronne que les mêmes mains qui l'ont signé ont posée sur la tête de Louis-Philippe.

Au surplus, on peut voir ces pièces sous les numéros 18, 19, 20, 21, 22, 23 et 24.

Dans le numéro de *la Tribune* du 22 octobre on a inséré une lettre de M. le général Dubourg, dans laquelle ce général dit, avec une sorte d'affectation, ne m'avoir pas vu pendant les événemens de juillet. Cela devait être nécessairement, parce que je ne l'ai nulle part rencontré alors, et qu'on ne me voyait que là où il y avait du danger à courir, des ennemis à combattre, ainsi que le constatent plus de 400 signatures ; mais le général Dubourg ne pouvait pas être partout et en tous lieux.

Le même journal, numéro du 19 octobre, et plusieurs autres journaux, en rendant compte de la séance de la Cour d'assises de Blois, disent que les médecins que M. le président avait envoyés pour constater mon état, avaient déclaré « m'avoir trouvé sans fièvre ; mais que mon courage était un peu défaillant ».

Certes, il y avait de quoi être découragé en me voyant au milieu d'un nombreux auditoire composé presque exclusivement de légitimistes, et aux yeux duquel j'étais là le seul coupable, comme le dit très-élégamment *la Tribune* du 20 octobre dans le passage ci-après cité.

Au demeurant, si mon courage était défaillant, celui des docteurs ne l'était guère, car leur zèle

les a portés, sinon à goûter *cum digito*, d'après le pré-
cepte d'un de leurs grands maîtres, du moins à
sentir, ce qui, dans les ciconstances, était un effort
extraordinaire !...

« Et le colonel Tournier, dit *la Tribune* du 20
» octobre, à la bonne heure ; les *erreurs en écritu-*
» *res publiques* ne sont que des peccadilles pour la
» police.... Quel malheur, pourtant, que ce colo-
» nel Tournier se soit trouvé indisposé devant la
» cour de Blois, qu'il ait perdu la tête, et qu'il ait
» eu mal au cœur ! Comme disait M. de Montalivet :
» c'était un homme si précieux ! Oh ! oui, bien
» précieux ; car, pendant qu'il protocolisait avec
» M. Berryer, il se poussait adroitement auprès des
» républicains, semait autour d'eux des provoca-
» tions, leur offrait des moyens d'agir, et travail-
» lait ainsi à préparer le grand œuvre d'une double
» conspiration carliste et républicaine, qui est le
» cochemar permanent de ce pauvre M. Gisquet. »

J'ai déjà répondu à l'inculpation maladroite des
prétendues erreurs en écritures publiques ; il est
inutile d'y revenir.

Pour le reste, je n'y vois qu'insulte et mensonge.
Républicains ! Légitimistes ! je vous adjure tous de
la manière la plus pressante de déclarer hautement
si jamais, oui, jamais, j'ai cherché à faire des re-
crues, des prosélytes parmi vous pour aucune fac-
tion et dans aucun intérêt ! J'ai une opinion, j'ai
des principes, mais je n'entends pas les imposer ou
inculquer à personne, même pour faire plaisir ou

rendre service. Quant à M. Gisquet, je vous le livre corps et âme, en vous protestant que, s'il a jamais fait quelque chose de bien, ça été de ne point s'adresser à moi pour des services que je ne saurais lui rendre ni à lui ni aux siens, c'est-à-dire que je n'ai jamais eu affaire ni à M. Gisquet ni à aucune police ou contre-police d'une nature quelconque. Je n'ai jamais vu ni connu M. Gisquet.

Le journaliste continue en faisant l'éloge de M. le président des assises de Blois : « Homme de cons- » cience, dit-il, qui, du moment qu'il s'est aperçu » que Tournier était un homme de police, *prend* » *la défense en main*, le dénonce aux jurés, et » pour lui Tournier *est désormais* le vrai coupable ; » c'est contre lui qu'on instruit, qu'on rend des » arrêts, et par pitié pour l'infamie humaine on » néglige de les exécuter. »

La suite de cet article est encore on ne peut pas plus insultante pour moi, qui y suis désigné *comme l'accusateur de Berryer, par qui j'ai été confondu, dit-il.....*

J'aime à croire, pour l'honneur de M. le président, que *la Tribune* lui fait une très-grande insulte. Comment pouvait-il se permettre de renoncer à cette imperturbable impartialité que la loi, l'honneur et d'augustes fonctions imposent au magistrat, et surtout à un président de Cour d'assises? Et à quel signe aurait-il reconnu que j'étais un homme de police? Où aurait-il puisé ses inspirations? Que *la Tribune* apprenne, une fois pour toutes, que je ne suis, que je n'ai jamais été aux gages d'aucune police, absolument d'aucune; que jamais je n'ai rien reçu de la police ni d'aucune administration du gouvernement, si ce n'est ma solde de lieutenant-colonel, et un léger à-compte sur ce qu'il me doit pour arriéré de ma solde de lieutenant-colonel, et pour avances faites. Je défie toutes les polices du monde, présentes et passées, de présenter un registre, un reçu, une quittance où mon nom figure comme employé supérieur ou inférieur, secret ou avoué. Je fais ce défi nominativement à M. le ministre de l'intérieur et à M. le préfet de police, et tant qu'aucune preuve de cette nature ne sera administrée, messieurs de *la Tribune* et leurs confrères qui parlent dans le même sens, souffriront que je leur donne l'épithète d'*infames calomniateurs*. Il faut convenir que ceux qui parlent avec une aussi étrange que coupable légèreté connaissent bien peu mes habitudes et ma manière de vivre. Depuis la révolution de juillet 1830, je me suis tenu et je suis constamment à la campagne.

J'ai passé seulement trois mois à Paris, pour régler d'anciennes affaires d'intérêt et réclamer du gouvernement ce qu'il me doit. Est-ce à la campagne, et à une campagne isolée, qu'un agent, un employé de police, peut s'acquitter de fonctions qui exigent rigoureusement sa présence à Paris et une surveillance assidue?

Quant à ma conduite envers M. Berryer, je répète, pour la dernière fois, que c'est la parti el il s'est voué, et ses obscures menées que j'ai voulu démasquer, afin de faire avorter ses criminels projets. J'y étais intéressé, moi le premier, comme un des plus connus et des plus compromis combattans de juillet, et comme patriote professant les principes du plus pur libéralisme. Si une haute promesse, des effets de laquelle il n'était pas permis de douter, avait été tenue, M. Berryer n'aurait eu d'autre chagrin que celui de voir échouer la conjuration, s'il en était.

Je demanderai maintenant à M. le rédacteur de *la Tribune* en quoi et comment M. Berryer m'a confondu? Est-ce en niant ce que j'ai affirmé? Si c'est de cette manière, M. Berryer a très-bien fait de me confondre; j'en aurais fait autant à sa place si les rôles étaient changés; nous n'avons pas eu tort ni lui ni moi; tout le tort en est uniquement à l'accusation, qui procède sans être étayée de preuves évidentes.

En parlant du procès de M. Berryer, le *Journal du Commerce* du 20 octobre dit :

« Puis arrive le sieur Tournier, témoin à charge
» qui dépose comme quoi M. Berryer a voulu l'em-
» baucher dans une conspiration en faveur de
» Henri V; et à chaque mot le délateur est con-
» vaincu d'imposture et fléchit lui-même devant la
» justice sous le poids de ses faux témoignages......
» Dans quel intérêt des agens subalternes vont-ils
» jusqu'à falsifier des pièces? Dans quel intérêt un
» Tournier vient-il échafauder des mensonges et des

» calomnies capitales ? Tous ces gens-là ont-ils obéi
» à une inspiration spontanée, *ne leur a-t-on pas*
» *plutôt escompté leur infamie ?* »

Quand on accuse, il faut au moins préciser des
faits, avoir des preuves; autrement on risque de
passer pour calomniateur. MM. les journalistes ne
s'arrêtent pas à de si petites choses. Je prierai M. le
rédacteur du *Journal du Commerce* de dire quelles
sont les impostures dont j'ai été convaincu? J'ai dit
que M. Berryer m'avait reçu ; M. Berryer en est convenu. J'ai affirmé que M. Berryer était en rapport
avec l'héroïne de la Vendée; M. Berryer s'en est fait
gloire. M. Berryer a avoué tout ce qui ne pouvait
pas le compromettre. S'il a nié le reste pour sauver
sa tête, peut-on me regarder pour cela comme un
imposteur ? Des faits avancés et ces mêmes faits niés
par celui qui a un intérêt réel à les désavouer ne
constituent pas, ce me semble, des impostures. Il y
aurait imposture, infamie, par exemple, si, voulant
soutenir que M. Berryer avait été vu encourageant
les insurgés dans les journées des 5 et 6 juin, il prou-
vait un alibi de manière à ne laisser aucun doute.

Quant à la falsification des pièces, au prix de ma
délation, etc., dont m'accuse le *Journal du Com-*
merce; j'ai déjà répondu à toutes ces sottes calomnies, je ne reviendrai pas là-dessus. J'ajouterai
seulement qu'il n'y a pas eu de délation; mais que
si l'on veut absolument qu'il y en ait eu une, elle
n'a pas été escomptée ni payée, et qu'elle n'a eu
pour mobile que mon fanatisme libéral.

Le même journal, numéro du 19 octobre, dit :

« Après l'interrogatoire de M. Berryer, on entend
» le témoin Tournier, qui prend le titre de lieute-
» nant-colonel sans pouvoir en justifier. Cette dé-
» position n'est qu'un long tissu de contradictions. »

Je n'ai rien à ajouter à ce que j'ai déjà dit à l'égard
de la prétendue usurpation du titre de lieutenant-
colonel et des impostures. Pour ce qui est des contradictions, j'ignore s'il y en a eu dans ma déposition. Ce que je puis affirmer, c'est que, s'il y en a
eu, il n'a pu y en avoir que de légères, encore
quant aux accessoires et aucunement quant au fond
de ma déposition. Mes hésitations et mes contradictions ne sauraient être attribuées qu'au peu
d'habitude que j'ai de parler en public, surtout
devant un tribunal imposant et en présence de
nombreux spectateurs, dont la plus intéressante
moitié était prévenue d'avance contre moi, et saisis-
sait toutes les circonstances les plus propres à me le
faire sentir. La crainte dont j'étais alors saisi de me
voir forcé de nommer le prince-royal et de compromettre quelques personnes, M. Berryer lui-
même, y entrait pour beaucoup. Mon trouble fai-
sait aussi trouver souvent ma mémoire en défaut,
ce dont j'ai prévenu M. le président, en le priant
de renvoyer la suite de ma déclaration à un autre
jour, espérant que, plus rassuré et moins intimidé,
j'aurais pu recueillir mes idées et réparer des gau-
cheries qu'on a si mal interprétées. Outre que j'ai
toujours eu une mémoire extrêmement ingrate, il

est de fait que le jour où j'ai dû comparaître devant la Cour, le trouble et les causes qui le produisaient la rendaient presque nulle.

Voici comment s'explique le *Temps* à mon égard :

« Il s'est rencontré un agent de police assez té-
» méraire pour incriminer un député, assez maladroit
» pour rétracter ses dépositions. Au lieu de livrer ce
» faux témoin à la rigueur des lois, qu'il soit appelé
» à donner des explications. ».

Il y a erreur dans ce que le *Temps* met en avant; il est de toute fausseté qu'il y ait eu de rétractation dans mes déclarations. J'ai déclaré à M. le président ce que j'avais déclaré à M. le juge d'instruction Berthelin dans mon second interrogatoire, car le premier, dans lequel il avait été question de M. le duc d'Orléans, avait été déchiré, comme je l'ai déjà dit. Je renvoie sur ces points et sur les autres dans lesquels je suis incriminé par le Temps aux pages précédentes, où se trouve ma réponse à toute sa diatribe.

Le Temps du 20 octobre me tance encore de la manière suivante :

« Dans le procès de M. Berryer, il s'est trouvé un
» témoin dont les dépositions n'ont pu soutenir un
» débat contradictoire. L'avocat-général n'a point fait
» de réserves pour le poursuivre. La qualité d'agent
» provocateur de la police l'aurait-elle mis à l'abri
» de la sévérité du ministère public, qui a mission
» de dénoncer tous les délits? »

Le procureur du roi n'a point fait de réserves,

parce que sans doute il savait au plus juste que je n'étais ni agent de police ni agent provocateur, que je n'avais été entraîné et conduit à découvrir la conspiration par aucun intérêt sordide, par aucun espoir de récompense, et que, dans son âme et conscience, il n'y avait point de faux, parce qu'il savait qu'on n'en fait jamais sans motif, sans raison, et sans être mu par un intérêt quelconque.

De tous les journaux, celui qui m'attaque de la manière la plus brutale, c'est *le Temps* du 19 octobre, qui va jusqu'à me gratifier de la qualification de *faux témoin*. L'imputation est grave. Nous verrons comment il la justifie devant le tribunal de police correctionnelle, sur les bancs duquel je compte l'appeler.

Je passe sous silence d'autres articles de journaux, qui me prodiguent le sarcasme et la calomnie, et qui tournent tous autour du même cercle. Ce qui précède y répond également de la manière la plus concluante, la plus victorieuse.

En résumé, des journaux ont clabaudé, calomnié, menti, fait de fausses suppositions à mon égard. Je les attends à la preuve des infamies qu'ils ont avancées contre moi; je les somme de les fournir ces preuves, sous peine de lâcheté, et sans préjudice des poursuites rigoureuses que j'exercerai contre eux.

Tel est l'exposé franc et succinct de ma conduite à l'occasion de l'affaire de M. Berryer fils. Je la soumets avec confiance au jugement de mes concitoyens non journalistes. Je les prie de décider entre eux et moi; et si, comme j'ai lieu de l'espérer, leur jugement m'est favorable, je les supplie de me rendre l'estime et la considération que je n'ai pas cessé de mériter, et que de fausses apparences, appuyées de la plus noire calomnie, ont pu m'enlever un instant.

PIÈCES JUSTIFICATIVES

A L'APPUI

DU MÉMOIRE.

I.

Paris, le 20 mai 1815.

Je vous préviens que vous êtes compris pour une somme de cent francs dans un état de gratification arrêté par S. M., en date du 17 de ce mois, en faveur des commissaires des guerres, officiers de santé et employés de l'administration qui ont suivi sa marche depuis son débarquement jusqu'à Paris.

L'inspecteur en chef aux revues, inspecteur de la garde,

Signé BOINOD.

M. François Tournier.

II.

Le sieur Tournier se rendra à Châlons, pour y être employé aux services réunis de l'armée.

L'ordonnateur en chef,

Signé BOINOD.

Lyon, 13 mars 1815.

III.

Perpignan, le 7 juillet 1815.

A M. Tournier, chef de parc, à Perpignan.

J'ai l'honneur de vous prévenir, monsieur, que , d'après l'état que vient de m'adresser monsieur le commissaire ordonnateur en chef du corps d'observation des Pyrénées-Orientales, il vous assigne pour résidence la place de Toulouse. En conséquence de cette indication, je vous invite à faire vos dispositions pour vous y rendre le plus tôt possible.

J'ai l'honneur, etc. Le commissaire des guerres,

Signé ANGLÈS.

IV.

Nous, soussignés, certifions que le capitaine Tournier, faisant partie du corps d'observation des Pyrénées-Orientales (9e et 10e divisions), année 1815, a failli être victime, à Toulouse, dans la même année, de son zèle et de son patriotisme, en voulant sauver le buste de l'empereur Napoléon, descendu du Capitole par des malveillans qui, malgré ses efforts, jetèrent le buste dans la Garonne.

Son dévouement ayant été infructueux et sans aucun succès, et ne pouvant d'ailleurs résister à la multitude qui cherchait à l'accabler, il ne dut son salut qu'en se réfugiant chez moi, où il fut conduit par M. Peyronnet, employé des droits-réunis, et on employa les moyens nécessaires pour le soustraire à la fureur de la populace.

Signé MOULLÉ, née DE GRAND-JEAN.

J'étais à Paris en 1815, après ma députation des cent jours, et je me rappelle avoir entendu rapporter le fait dont il est fait mention plus haut. En foi de quoi.
Paris, 18 mars 1832.

Signé P. CROUSET, ancien député.

V.

ADMINISTRATION DES DOUANES.

SERVICE ACTIF.

Je vous préviens, monsieur, que je charge le directeur de Bayonne de vous donner une lieutenance dans les brigades de sa division, et que vous jouirez des appointemens à compter du mois prochain.

Le conseiller d'état, directeur de l'administration des douanes,

Signé SAINT-CRICQ.

M. Tournier, rue Saint-Sauveur, n° 17.

VI.

DOUANES ROYALES.

Valenciennes, 31 août 1816.

Le directeur des douanes, soussigné, certifie que M. Tournier (François) a servi sous ses ordres à Bayonne et à Valenciennes, en qualité de lieutenant, depuis le 1er novembre 1815 jusqu'à ce jour, avec zèle, honneur et probité, et qu'il s'est mérité par une conduite sans reproches le suffrage de ses chefs et la considération de ses subordonnés. En foi de quoi le présent lui a été délivré, pour lui servir et valoir ce que de raison.

Signé LAUGIER-PLEVILLE.

VII.

RÉGIMENT DES VOLONTAIRES DE LA CHARTE.

CASERNE DE COURBEVOYE.

Nous, officiers du 1er régiment des volontaires de la Charte, certifions que M. Tournier (François), actuellement notre lieutenant-colonel, après nous avoir conduits à la victoire dans les mémorables journées des 27, 28 et 29 juillet dernier, sur tous les points de la capitale, où son expérience militaire a jugé devoir nous porter, nous a réunis avec tous les braves qui étaient sous ses ordres pour former le 1er régiment des volontaires de la Charte; que ce chef supérieur, par sa bravoure, l'étendue de ses connaissances militaires et administratives, sa vigilante sollicitude pour les officiers et soldats, ainsi que son noble désintéressement, s'est rendu digne des plus grands éloges, comme ils lui ont mérité notre estime et notre absolu dévouement.

En foi de quoi nous avons signé le présent, à la caserne de Courbevoye, le 6 septembre 1830.

PEROT, chef de bataillon; CHARTIER, chef de bataillon; Jean NADALIAC, capitaine; LANOLAIS, capitaine; SERRET, capitaine; CYVOT, capitaine; DIGSAUTTIER, capitaine adjudant-major; M. GUELFUCCI, capitaine au 3ᵉ bataillon de la 3ᵉ compagnie; PONTAILLON, capitaine; Ch. GAUTIER, capitaine; BONNEFENT, capitaine; ROUMAIGNAC, capitaine; CADE, capitaine; TAVAU, capitaine; LAFANOUR; BERETAU, capitaine; CORNU, adjudant-major; DESORMEAU, capitaine, chevalier de la légion-d'honneur; RABOT, capitaine; COLLAT, lieutenant; J. BUTTER; BOURGEOIS, lieutenant; H. TOURNILHON, sous-lieutenant; BARRAU, sous-lieutenant; TERISSE, sous-lieutenant; LECOMTE; MERCEREAU, lieutenant; CAPRON, lieutenant; GERARDY, lieutenant; LE SOURD, sous-lieutenant; LA TOUR D'AUVERGNE; JOVART, sous-lieutenant; TOURSEL, lieutenant des voltigeurs au 3ᵉ bataillon; TH......EL, sous-lieutenant; VAILLANT, sous-lientenant; BILLAUD, sous-lieutenant; BERTONNIER, lieutenant; 4ᵉ compagnie, 1ᵉʳ bataillon; S. FURRÉ, capitaine, GAY, lieutenant; LEYS, lieutenant; LACHIVRE, sous-lieutenant; B. MARUTTI, sous-lieutenant; DIBOURGET; MARTIN; WANGHELE, sous-lieutenant; PERERAU, 1ᵉʳ lieutenant; Claude de FÉVET, sous-lieutenant de la 2ᵉ du 1ᵉʳ; BARUT, sous-lieutenant.

Nous, sous-intendant militaire, reconnaissons que la plupart des signatures ci-dessus appartiennent aux officiers supérieurs des volontaires de la Charte.

Signé Baron DE BEAUVERT.

VIII.

Nous, soussignés, officiers du 5ᵉ régiment de ligne, certifions que le sieur Tournier (François), actuellement lieutenant-colonel du 1ᵉʳ régiment des volontaires de la Charte, nous a harangués, le 27 au matin, au coin de la rue Castiglione, rue Saint-Honoré, et, les 28 et 29, rue des Petits-Champs et la place Vendôme ; qu'il nous a fortement sollicités à ne pas soutenir la cause du despotisme et à ne pas tirer sur nos frères, sages conseils que nous avons suivis.

En foi de quoi nous lui avons délivré le présent, pour lui servir et valoir devant qui de droit.

Paris, 12 août 1830.

Signé DIRCHE, capitaine.

J'atteste que, le 27 au matin, j'étais présent lorsque le lieutenant-colonel Tournier a fait tout son possible pour engager le 5ᵉ de ligne à ne pas tirer sur le peuple et à se joindre à nous pour faire cause commune. Il aurait été victime de son dévouement sans un signe F... de reconnaissance envers l'officier qui commandait à l'entrée de la place Vendôme.

Signé DAUSIN, rue Sartine.

IX.

Nous, soussignés, certifions que le sieur François Tournier, actuellement lieutenant-colonel dans le 1ᵉʳ régiment des volontaires de la Charte, a combattu pendant les mémorables journées des 27, 28 et 29 juillet, que nous l'avons vu au Louvre, au **Palais-Royal**, aux Tuileries et dans différens autres quartiers de la ville, ralliant tous les citoyens qui accouraient à la défense de la patrie, se portant à leur tête sur les points les plus menacés, arrêtant après la victoire les désordres que quelques malveillans cherchaient à exploiter à leur profit. En foi de quoi nous avons signé le présent, pour lui servir et valoir devant qui de droit.

Paris, 10 août 1830.

Signé FORESTIER, rue d'Argenteuil, ancien militaire; HOUDION, fruitier aux Jacobins; J. BUTTEZ, place du Trône; TOURCEL, lieutenant des voltigeurs; BARRAU; Ch. LAURENT, négociant, rue des Fourreurs, n° 17; LANGLOI; BILLARD, négociant, rue Neuve-des-Petits-Champs, n° 95; PARAUD, fils aîné; AURY. J'ai rencontré M. Tournier au Palais-Royal, CYVOT, sous-lieutenant de la garde nationale, 8e légion. SENNIER, ancien notaire; ROUFFLOTTE; BAILLY; LALANNE; PARIZET, ancien retraité; V. LACROIX.

Vu pour légalisation des signatures BILLARD, PARAUD, ROUFFLOTTE, HOUDION, LALANNE, LACROIX, LACROIX, AURY et PARISET, apposées ci-dessus.

Paris, le 2 septembre 1830.

Le comissaire de police du quartier du Palais-Royal,

Signé H. MARIGNER.

Vu pour légalisation de la signature de M. Marigner,

Ce 2 septembre 1830.

Le maire du 2e arrondissement,

Signé MAINE-GLATIGNY, maire provisoire.

X.

Nous, soussignés, certifions que le sieur Tournier (François), actuellement lieutenant-colonel du 1er régiment des volontaires de la Charte, est resté, depuis sept heures du soir jusqu'à minuit, à la seconde porte intérieure de la salle de la Bourse, où étaient les blessés; que, par sa fermeté, il a empêché le massacre; qu'il a même été renversé et foulé aux pieds par les malveillans; et que, par son courage et son intrépidité, il a évité ce malheur; qu'il a en outre empêché l'enlèvement de l'argenterie qu'on avait apportée des Tuileries.

En foi de quoi nous lui avons délivré le présent, pour lui servir et valoir devant qui de droit.

Paris, 8 août 1830.

Cyvor, officier de la garde nationale, 8e légion.

J'atteste le présent certificat dans tout son contenu.

Signé Blouet, concierge du tribunal, au palais de la Bourse.

J'approuve le contenu comme présent à l'affaire et sous les ordres de M. Tournier, actuellement lieutenant-colonel au 1er régiment de la Charte; je certifie, de plus, qu'il a commandé le 29 juillet le poste de l'intérieur de la Bourse, depuis sept heures du soir jusqu'à minuit.

Paris, 8 août 1830.

Lesprit, rue Saint-Martin, n° 31; Chertier, adjudant-major.

J'atteste le présent certificat, comme ayant été présent sous les ordres du lieutenant-colonel Toúrnier, que j'ai secondé de tout mon pouvoir.

DASSEN, ancien militaire, rue Sartine, n° 5.

Au bureau de police de la ville de Paris, pour légalisation de la signature Blouet, apposée d'autre part.

Paris, le 2 septembre 1830.

Le commissaire de police,

Signé DAROSTE.

Vu pour légalisation de la signature de M. Daroste, commissaire de police, à la mairie, le 2 septembre 1830.

Le maire provisoire.

Signé MAINE-GLATYGNY.

XI.

PRÉFECTURE DE POLICE.

SECRÉTARIAT-GÉNÉRAL.

Le secrétaire-général de la Préfecture de police certifie avoir reçu de M. Tournier, lieutenant-colonel du premier régiment de la Charte, les pièces détaillées ci-dessous, qui lui ont été remises par un de ses soldats, aux Tuileries, le 29 juillet dernier, SAVOIR:

1° Deux registres de comptabilité des ex-gardes-du-corps du roi, compagnie de Grammont, le premier intitulé du 19 juin 1814 au 19 mars 1815, et le deuxième du 1er novembre 1815 au .....

2° Sept cahiers in-folios, formant registres de comptabilité;
Le 1er ayant pour inscription : C 1818-1819.
Le 2e . . . . . . *id.* . . . . . C 1820, en assez mauvais état.
Le 3e . . . . . . *id.* . . . . . C 1821, à moitié déchiré.
Le 4e . . . . . . *id.* . . . . . 1822, 1823, caisse.
Le 5e . . . . . . *id.* . . . . . 1824, caisse.
Le 6e . . . . . . *id.* . . . . . 1825, caisse.
Le 7e . . . . . . *id.* . . . . . 1826, caisse.
3° Trente-cinq lettres, notes ou feuilles diverses.

Paris, ce 19 août 1830.

Le secrétaire-général,

Signé MALLEVAL.

XII.

VILLE DE PARIS.

MAIRIE DU HUITIÈME ARRONDISSEMENT.

Paris, 25 juin 1831.

Monsieur,

Vous m'avez demandé un certificat constatant que, dans la nuit du 14 août dernier, vous vîntes chez moi pour me donner avis d'un complot qui se tramait à l'instigation des carlistes parmi les volontaires de la Charte casernés à Picpus. Comme il m'a été fait un grand nombre de révélations du même genre, la personne de leur auteur, ainsi que les circonstances particulières, se sont confondus dans mes souvenirs. Je crois, toutefois, me rappeler que, vers l'époque indiquée par vous, et au milieu de la nuit, vous êtes venu avec une autre personne, m'avertir que les individus dont il s'agit, et que vous disiez être placés sous votre commandement, menaçaient de se révoltés, et que, pour prévenir de graves désordres, il importait de leur délivrer promptement les subsistances dont ils manquaient. Voilà, monsieur, la seule déclaration que ma mémoire me permette de faire ; je souhaite qu'elle vous soit utile.

Veuillez recevoir l'assurance de ma considération,

Le maire,

Signé BOUVATTIER.

M. *Tournier, à Paris.*

XIII.

Je, soussigné, docteur en médecine de la Faculté de Paris, membre de plusieurs académies de médecine, chirurgien-major du premier régiment des volontaires de la Charte, etc., certifie avoir donné mes soins à M. Tournier, lieutenant-colonel du susdit régiment, pour une forte contusion reçue à la partie inférieure de la jambe gauche, près son articulation avec le pied, le 29 juillet 1830, à la Bourse. Quoique M. Tournier soit guéri en apparence, il éprouve néanmoins toujours dans cette partie, soit par la moindre fatigue, soit par les changemens qui s'opèrent dans l'atmosphère, de la gêne, de la douleur même qui le force de garder le repos le plus absolu. Je déclare, en outre, l'avoir soigné pour un coup de feu reçu à la partie antérieure de la jambe droite, dans la même journée, à la prise des Tuileries.

En foi de ce, etc.

Paris, le 25 août 1830.

Signé LAROCQUE, D. M. P.

Vu par le maire du 9ᵉ arrondissement, pour légalisation de la signature LAROCQUE, docteur-médecin.

Le 25 mai 1831.

Signé CRONIER.

Pour copie conforme aux sept pièces originales représentées.

Paris, le 5 septembre 1831.

Le sous-intendant militaire,

FAVIER.

XIV.

ROYAUME DE FRANCE.

1ᵉʳ RÉGIMENT DE LA CHARTE.

Nous, membres composant le conseil d'administration du 1ᵉʳ régiment des volontaires de la Charte, certifions que M. Tournier (François), lieutenant-colonel, né à Vienne, département de l'Isère, le 20 octobre 1786, inscrit sur les registres, le 25 août 1830, d'après procès-verbal constitutif et d'organisation du 21 avril 1830, par M. le baron de Beauvert, sous-intendant militaire à Paris, délégué par M. l'intendant-divisionnaire, à l'effet d'assister M. le maréchal-de-camp Joly, adjoint à l'inspecteur-général de la 1ᵉ division militaire, a rempli ses fonctions avec zèle, honneur et distinction. En foi de quoi nous lui avons délivré le présent, ce que de droit.

Au quartier de Courbevoie, le 28 août 1830.

Signé PÉROT, chef de bataillon ; CHARTIER, chef de

bataillon; TAVEAU, capitaine; le chevalier CAVE, capitaine; DESCARPENTRIE, lieutenant-trésorier.

Vu, *Signé* LAFAYETTE, général; FABVIER, général; le baron de BEAUVERT, sous-intendant militaire, chargé de la police administrative du corps.

Signé B^{on} DE BEAUVERT

XV.

J'accueillerai et récompenserai tous les services qui seront rendus à mon fils, et notamment ceux du lieutenant-colonel François Tournier, en le nommant colonel.

Massa, le 21 avril 1852.

Signé MARIE-CAROLINE.

XVI.

Je promets de récompenser tous les services rendus à mon fils, et notamment ceux de M. le chef de bataillon Chartier, en le nommant lieutenant-colonel.

23 avril 1832.

Approuvé. *Signé* MARIE-CAROLINE.

XVII.

Tribunal de première instance du département de la Seine.

Monsieur, j'ai eu l'honneur de vous faire citer aujourd'hui; vous n'êtes pas venu, sans doute parce que vous étiez à la campagne. Ne voulant pas user contre vous d'un mandat de comparution, je viens à l'amiable demander que vous vous transportiez sans faute, mardi prochain, près de moi. Cette commission rogatoire dans laquelle votre témoignage est nécessaire, est des plus urgentes.

J'ai l'honneur de vous saluer,

Votre très-humble serviteur,

Signé BERTHELIN.

Très-pressée. — M. le lieutenant-colonel Tournier, n° 1, rue de Valois-Batave. — Paris.

XVIII.

Procès-verbal contenant la composition et l'effectif du régiment des volontaires de la Charte à l'époque du 21 août 1830.

L'an 1830 et le 21 août. Nous, baron de Beauvert, sous-intendant militaire, employé à Paris, ayant été désigné par M. l'intendant-divisionnaire pour assister M. le maréchal-de-camp Joly, adjoint à l'inspection générale de la 1re division militaire, nous sommes rendus à la caserne de Picpus, à l'effet de reconnaître et de constater la composition et l'effectif d'une réunion de volontaires de Paris et des départemens voisins, à l'occasion des journées des 27, 28 et 29 juillet dernier, connue sous la dénomination de 1er *régiment de volontaires de la Charte*, et pour laquelle, d'après les ordres de la place, il a été distribué des vivres par les soins de l'intendant militaire dès les premiers jours d'août.

Nous avons trouvé cette troupe sans armes, commandée par M. Buchez-Hilton, qui, prévenu de l'arrivée de M. le général-inspecteur, avait disposé ses hommes par compagnies et

fait établir des états nominatifs tenant lieu de feuilles d'appel.
—Après quelques indications préparatoires, nous avons procédé
à l'appel individuel de l'état-major, et ensuite des compagnies
de chaque bataillon, et M. le général-inspecteur, ayant suc-
cessivement interrogé les officiers, sous-officiers et soldats, a
fait, au fur et à mesure, sortir des rangs tous les hommes de
troupe qui, d'après leur propre déclaration, se trouvaient au-
dessous de dix-huit ans, et ceux au-dessus de trente-cinq ans,
de même que les hommes reconnus, par un examen rapide,
d'une trop faible complexion ou attaqués d'infirmités apparentes. Quant aux officiers, attendu que plusieurs, même dans
des grades élevés, n'ont point servi, que d'autres se trouvent
occuper une position de plusieurs grades au-dessus de celle
qu'ils avaient précédemment dans l'armée, M. le général-
inspecteur les a engagés à produire le plus tôt possible tous les
documens nécessaires pour reconnaître leurs services réels ou
leur position, et a donné l'ordre au chef du corps de faire
établir un état portant toutes ces indications.

Le dépouillement des états nominatifs nous a donné la
composition ci-après, que nous avons jugé convenable de
présenter nominativement pour les officiers :

État-major.

Buchoz-Hilton, colonel; Tournier, lieutenant-colonel;
Perrot, chef de bataillon; Chartier, *id.*; Fonrouge, major;
Deyssantier, capitaine adjudant-major; Delarue, *id*;
Cornu, *id.*; Descarpentrie, trésorier; Jean, lieutenant porte-
drapeau, etc., etc., etc.

Suit le procès-verbal de l'organisation et formation du conseil d'administration du corps, laquelle a eu lieu dans la
caserne de Courbevoie où il était alors, duquel sont membres :

MM. Buchoz-Hilton, colonel; Tournier, lieutenant-colonel; Perrot, chef de bataillon, etc., etc., etc.

De tout quoi, nous avons rédigé le présent procès-verbal en triple expédition, qui a été signé par M. le général inspecteur et par nous, et devra être inscrit au premier feuillet du registre des délibérations.

A Courbevoie, le 25 août 1830.

Le maréchal-de-camp adjoint à l'inspection générale de la première division militaire,

Signé JOLY; B^{on} DE BEAUVERT.

XIX.

MINISTÈRE DE LA GUERRE,

CABINET DU MINISTRE.

A M. le lieutenant-colonel Tournier, à Paris.

Le ministre de la guerre étant très-occupé en ce moment regrette de ne pouvoir recevoir M. *le lieutenant-colonel Tournier* en audience particulière.

Il le prie de lui faire connaître par écrit l'objet de sa demande; il s'empressera d'y faire droit, s'il y a lieu, etc., etc., etc.

Paris, le 6 mars 1831.

XX,

CABINET DU ROI.

Palais-Royal, le 16 septembre 1831.

Monsieur, votre demande a passé sous les yeux du roi, et vient d'être transmise au ministre de la guerre, etc., etc., etc,

A M. Tournier, lieutenant-colonel, à Paris.

XXI.

MINISTÈRE DE LA GUERRE.

DIRECTION GÉNÉRALE DU PERSONNEL.

Bureau du recrutement. — 1ʳᵉ Section.

Paris, le 15 décembre 1831.

J'ai reçu, monsieur, la lettre que vous m'avez fait l'honneur de m'écrire, pour m'annoncer que vous avez soumis votre plan d'organisation de guérillas français à M. le maréchal ministre de la guerre.

Nul doute que M. le maréchal n'apprécie ce qu'il peut y avoir d'utile dans votre projet, et qu'il n'en fasse son profit, si les circonstances l'exigent; mais il ne m'appartient pas de prendre l'initiative en pareille occasion: j'attendrai les ordres de M. le ministre de la guerre. Recevez, etc.

Le directeur de l'infanterie,

Signé SAINT-CYR NUGUES.

A M. Tournier, lieutenant-colonel, etc.

XXII.

MINISTÈRE DE LA GUERRE.

DIRECTION GÉNÉRALE DU PERSONNEL.

Bureau du recrutement. — 1ʳᵉ Section.

Paris, 15 décembre 1830.

Le roi m'a fait parvenir, monsieur, la lettre que vous lui avez adressée, et dans laquelle vous offrez d'indiquer de puissans moyens de défense pour contribuer à la gloire et au repos de la patrie.

Je vous remercie de cette nouvelle preuve de zèle et de patriotisme, et je vous engage à me communiquer vos projets avec tout le développement convenable, afin que je puisse apprécier l'utilité de vos vues. Recevez, etc.

Le ministre secrétaire d'État de la guerre,

Pour le ministre,

Le lieutenant-général directeur,

Signé SAINT-CYR-NUGUES.

À M. *Tournier*, *lieutenant-colonel de l'ex-premier régiment des volontaires de la Charte.*

XXIII

MINISTÈRE DE LA GUERRE.

1re DIVISION.

Dépôt de la guerre. — 2e Partie. — 4e Section.

Paris, le 25 janvier 1831.

Monsieur, le ministre a reçu le projet de formation d'un corps de *guérillas français* que vous lui aviez adressé dans le courant du mois de décembre dernier. Il n'y a pour le moment aucune décision à prendre relativement à cette proposition; l'emploi des *corps francs*, dont vous présentez l'organisation, dépendant de circonstances qui n'existent point aujourd'hui; mais, si l'état de paix venait à cesser, il y aurait lieu alors de traiter cette question, et nul doute que, dans ce cas, votre projet ne devienne l'objet d'un examen que je désire lui être favorable.

En attendant, monsieur, on ne peut qu'applaudir à vos sentimens dévoués et au zèle qui vous porte à vous occuper de ce qui intéresse la gloire et l'indépendance du pays.

Recevez, monsieur, l'assurance de ma parfaite considération

Le lieutenant-général directeur,

Signé PELET.

A M. *Tournier*, lieutenant-colonel de l'ex-régiment des volontaires de la Charte.

XXIV.

MINISTÈRE DE LA GUERRE.

Iʳᵉ DIRECTION, ETC.

Paris, le 9 janvier 1831.

Monsieur le colonel, Sa Majesté a fait remettre au ministre votre pétition du 11 décembre. Je désirerais avoir avec vous un entretien à cet égard, et vous prie en conséquence de vous présenter au bureau des opérations militaires (direction du dépôt de la guerre). Recevez, etc.

Le lieutenant-général directeur,

Signé PELET.

A M. le colonel *Tournier*, commandant le quartier de Rueil.

9 782019 656157